cocina práctica

pollo

para toda estación

Publicado por:
TRIDENT PRESS INTERNATIONAL
801 12th Avenue South, Suite 400
Naples, Fl 34102 USA
Copyright©Trident Press International. 2003
Tel: + 1 239 649 7077
Fax: + 1 239 649 5832
Email: tridentpress@worldnet.att.net
Sitio web: www.trident-international.com

Cocina práctica, Pollo para toda estación

Fotografías: Warren Webb
Producción fotográfica: Stephane Souvlis,
Janet Lodge, Di Kirby.
Desarrollo de recetas: Ellen Argyriou,
Sheryle Eastwood, Kim Freedman,
Lucy Kelly, Donna Hay.

EDICIÓN EN ESPAÑOL
Producción general: Isabel Toyos
Traducción: Cristina Piña
Adaptación de diseño: Mikonos, Comunicación Gráfica
Corrección y estilo: Aurora Giribaldi y Gabriel Valeiras

Incluye índice
ISBN 1582797080
EAN 9781582797083
UPC 6 15269 97080 5

Edición impresa en 2003

Impreso en Colombia

contenido

introducción

El pollo siempre ha sido una valiosa fuente de alimentación. Desde los tiempos más lejanos, se sirvió en las mesas del antiguo Egipto, Grecia, Roma y Asia.

Se supone que el antecesor del pollo de hoy es el ave india de la selva, que fue domesticada por la civilización del valle del Indo alrededor de 2500 a.C. No se sabe cómo viajó a otras zonas, pero sin duda lo hizo. El pollo ha sido usado por casi todas las culturas del mundo en su cocina, y cada una agregó aspectos de su herencia culinaria a esta carne versátil. Con la diversificación cultural, nuestro repertorio de recetas con pollo se ha ampliado a nuevas dimensiones y sigue haciéndolo. Los platillos étnicos de distinto origen, como el pollo tandoori, el pollo cacciatore y el pollo hawaiano, son tan populares en el mundo como el tradicional pollo asado.

A lo largo de este libro experimentará las nuevas combinaciones de sabores que han surgido del intercambio culinario cultural, presentadas en recetas simples y rápidas de preparar.

La producción actual ha puesto a nuestra disposición no sólo el pollo limpio y listo para cocinar, sino también cada presa cortada de manera que se puede comprar lo que uno necesita. Han pasado los días en que la parte favorita del pollo que se servía en la mesa familiar —por lo general, la pechuga— aventajaba a las otras en popularidad.

Valor nutritivo

El pollo tiene proteínas de primera clase, lo que quiere decir que posee todos los aminoácidos y vitaminas; la A y las del grupo B, en particular, están bien representadas, al igual que los minerales, incluidos el hierro y el zinc. Se trata de una carne ligera y tierna, fácil de masticar y de digerir, especialmente adecuada para los bebés, los niños y los ancianos. Cuando se le quita la piel, el pollo es todavía más bajo en grasas, lo que lo convierte en una comida ideal para todos.

Cómo comprar y guardar el pollo

El pollo puede comprarse fresco o congelado, entero o en presas. Cada uno puede elegir, según cómo y cuándo quiera prepararlo y comerlo.

Pollo fresco

• Cuando adquiera pollo fresco, hágalo al terminar su recorrido de compras. Es aconsejable llevar una bolsa aislante donde poner el pollo para mantenerlo frío en el viaje a casa.

- *Cuando llegue a su casa, saque el pollo del paquete (si está envuelto), enjuáguelo y séquelo con papel absorbente. Tápelo con film sin apretar y póngalo en el refrigerador enseguida. El pollo fresco puede guardarse 3 días en la parte más fría del refrigerador, a una temperatura inferior a 4°C/39°F.*
- *Si tiene que guardarlo por más tiempo, es mejor comprar pollo congelado que pollo fresco para congelar en casa.*
- *Si adquiere presas y las congela para usarlas después, asegúrese de que sean frescas. Séquelas con papel absorbente, guárdelas en bolsas plásticas para frigorífico, extraiga el aire empujándolo hacia la abertura y cierre la bolsa con tela adhesiva. Póngale al paquete una etiqueta con la fecha.*

Pollo congelado

- *Cuando compre pollo congelado, controle que los paquetes no estén rotos.*
- *Póngalo en el frigorífico apenas llegue a su casa.*
- *Descongele totalmente el pollo antes de cocinarlo, para evitar que resulte duro y que algunas partes queden mal cocidas. Las partes mal cocidas pueden albergar bacterias que arruinarían el alimento.*
- *No vuelva a congelar el pollo descongelado. Si necesita hacerlo, cocínelo previamente.*

- *Para descongelar el pollo, sáquelo del envoltorio y colóquelo en una rejilla, con un plato debajo para que el líquido caiga en él. Cúbralo con film sin apretar y déjelo en el refrigerador 24 horas. Ésta es la forma más segura de descongelar. La descongelación a temperatura ambiente debe evitarse porque fomenta el desarrollo de bacterias.*

preparación

Al igual que con todos los alimentos perecederos, hay reglas simples que seguir en la preparación y manipulación del pollo. Adherir a estas reglas reducirá la posibilidad de que se desarrollen bacterias y así aumentarán la calidad, el sabor y el placer de sus platillos. Muchas de estas reglas también se aplican a otros alimentos perecederos, y deberían formar parte de su rutina culinaria.

Los productores y vendedores mantienen altos patrones de calidad e higiene para que podamos comprar alimentos seguros con absoluta confianza. Los consumidores deben asegurarse de mantener estos patrones de calidad y seguridad después de comprar. Los alimentos perecederos, incluido el pollo, necesitan especial atención para impedir su deterioro y su posible toxicidad. Las instrucciones de compra y almacenamiento que figuran en la introducción de este libro deben seguirse en todo momento. Los consejos para manipulación segura que se enumeran a continuación deben respetarse para evitar el desarrollo y transferencia de bacterias.

Consejos para manipulación segura

- Lávese las manos cuidadosamente antes de manipular el pollo fresco. Láveselas nuevamente antes de manipular otros alimentos.
- Las tablas de cortar, los cuchillos y otros utensilios deben lavarse con agua jabonosa caliente después de estar en contacto con pollo u otros alimentos crudos, para impedir la contaminación entre ellos.
- Siempre conserve los alimentos en el refrigerador a 4°C/39°F o menos.
- Nunca mantenga pollo crudo a temperatura ambiente más de 1 hora, incluido el tiempo de preparación.
- Las aves deben cocinarse hasta el centro a fin de asegurar que todas las bacterias mueran por la penetración del calor. Para probar, inserte un pincho en el centro del pollo o de la presa; si el jugo sale claro, el pollo está totalmente cocido.
- El pollo debe rellenarse con especial cuidado, porque las bacterias del ave cruda pueden desarrollarse en el relleno. Rellene sólo 2/3 de la cavidad, no más; hágalo justo antes de cocinar.
- Las cantidades grandes de comida deben dividirse en porciones más pequeñas para permitir una cocción más rápida. Esto se aplica especialmente al pollo cocido a fuego lento y al caldo de pollo.
- Enfríe rápidamente las comidas cocidas poniéndolas en el refrigerador. No tema poner alimentos calientes en el refrigerador: está hecho para eso.
- Guarde los alimentos crudos y cocidos por separado, poniendo los cocidos en la parte más alta y los crudos en la parte más baja del refrigerador, en una bandeja o en un plato. No deje que los jugos chorreen sobre otros alimentos.

- Recuerde que la zona de peligro para el desarrollo de bacterias está comprendida entre 4°C/39°F y 65°C/149°F, por lo tanto mantenga los alimentos fríos (por debajo de 4°C/39°F) o calientes (por encima de 65°C/150°F). Los alimentos no deben dejarse en la mesada de la cocina, pues la temperatura ambiente está en la zona de peligro.
- Cuando recaliente pollo cocido, lleve la temperatura a 75°C/167°F y manténgala varios minutos.

Cocción en microondas
Pollo entero

1 El microondas no dora el pollo como lo hace el horno común, pero puede lograrse un aspecto dorado frotando la superficie con páprika o pincelándola con un glaseado.

2 Ate las patas juntas con hilo o con una banda de plástico a fin de dar al ave una forma más pareja para la cocción.

3 Calcule el tiempo de cocción simplemente duplicando el número que indica el tamaño del pollo; por ejemplo, un pollo N° 15 se cocina 30 minutos en Medio/Máximo. Los pollos más grandes quedan mejor si se los cocina en Medio/Máximo la primera mitad del tiempo y luego se continúa en Medio, agregando 5-8 minutos por kilo al tiempo total.

4 Recuerde que la temperatura del pollo afectará el tiempo de cocción. Un pollo refrigerado llevará unos pocos minutos más que uno a temperatura ambiente. Es aconsejable cocinar el pollo en Máximo los primeros 3-5 minutos, para calentar la superficie, y luego seguir en Medio/Máximo hasta completar el tiempo.

Presas de pollo

1 Disponga las presas con la parte más gruesa hacia el contorno de la fuente o rejilla para lograr una cocción pareja.

2 A mitad de la cocción, reacomode las presas que están en el centro poniéndolas en los bordes.

3 Los platillos de pollo a la cacerola se cocinan mejor si el pollo se corta en piezas pequeñas y parejas; es decir, la pechuga cortada en dos pedazos y los muslos separados de la pata.

4 Las presas pueden dorarse en la bandeja doradora del microondas o en una sartén sobre fuego directo antes de agregarlas a la cacerola. Conviene sacarles la piel antes de ponerlas en la cacerola, pues tiende a volverse un poco gomosa.

5 Las presas de pollo pueden empanarse y luego cocinarse en una rejilla doradora. El resultado es un éxito. Elija pan seco molido de color oscuro y agregue hierbas secas, limón, pimienta o semillas de ajonjolí tostadas. El pan molido se mantendrá crocante.

cortes
de pollo

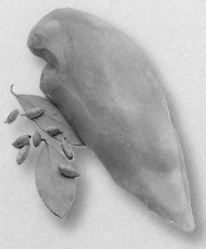

Pechuga deshuesada

Muslo deshuesado

Filetes de pollo

Muslo con hueso

Pollo Maryland (pata y muslo)

Media pechuga con hueso

Pollo para saltear

Pollo molido

Alitas enteras   **Minipatas de ala**   **Parte media del ala**

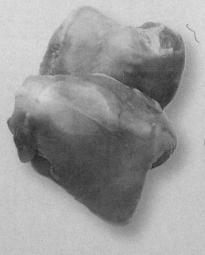

Muslos con hueso   **Patitas**   **Patitas sin piel**

Cortes de pollo

Los cortes sin piel tienen muy poca grasa y son excelentes para quienes cuidan su salud y controlan la ingesta de grasas y calorías. El pollo para saltear y el molido suelen venderse preparados. Si no los consigue, use pechugas o muslos deshuesados y córtelos en tiras para saltear o páselos por la moledora o el procesador para obtener un delicioso pollo molido bajo en grasas.

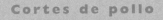

Presas para la cacerola

9

tibiezas de otoño

alitas al estilo marroquí

Antes de la llegada del invierno, el otoño

nos da la oportunidad de aprovechar los últimos ingredientes del verano. Platillos como el pastel mediterráneo o la sopa especiada de maíz y lentejas permiten el uso de productos de verano con métodos culinarios de invierno.

alitas
al estilo marroquí

Foto en página 11

Preparación

1 *Calentar aceite en una olla de base ancha o en una sartén con tapa, agregar las alas de pollo de a pocas por vez y dorar ligeramente de ambos lados. Pasarlas a un plato a medida que se doren.*

2 *Añadir la cebolla y freír 2 minutos. Incorporar el ajo, el jengibre y las especias mientras se revuelve. Cocinar, revolviendo, 1 minuto. Colocar de nuevo las alas en la sartén y dar vuelta para cubrirlas con las especias.*

3 *Agregar el vinagre y el néctar de albaricoques; sazonar a gusto. Tapar y cocinar a fuego lento 25 minutos.*

4 *Incorporar las ciruelas, los albaricoques, la miel y el jugo de limón.*

5 *Tapar y cocinar a fuego lento 10 minutos, luego destapar y cocinar a fuego lento 5 minutos más. Si se desea una salsa más espesa, pasar las alas y las frutas a una fuente, subir la llama y hervir hasta que la salsa de reduzca y se espese, revolviendo de vez en cuando.*

6 *Verter la salsa sobre las alas. Servir de inmediato con cuscús o arroz al vapor.*

3–4 porciones

ingredientes

2 cucharadas de aceite
1 kg/2 lb de alitas de pollo
1 cebolla grande, finamente picada
1 diente de ajo, machacado
1 1/2 cucharadita de jengibre fresco picado
1/2 cucharadita de cúrcuma molida
1/2 cucharadita de comino molido
1/2 rama de canela
1/4 taza/60 ml/2 fl oz de vinagre de sidra
450 g/15 oz de néctar de albaricoques en lata
sal, pimienta
100 g/3 oz de ciruelas desecadas
100 g/3 oz de albaricoques desecados
1 cucharada de miel
1/4 taza/60 ml/2 fl oz de jugo de limón
cuscús o arroz al vapor para servir

croquetas
al estilo griego

Preparación

1 *Poner en un bol todos los ingredientes para las croquetas, excepto el aceite. Mezclar bien y amasar un poco con la mano. Con las manos mojadas, formar esferas. Calentar aceite (1 cm de profundidad) en una sartén y sofreír las croquetas hasta que cambien de color de ambos lados. Pasar a un plato.*

2 *Para la salsa, agregar a la sartén la cebolla y el ajo y sofreír un poco. Añadir los demás ingredientes y llevar a hervor. Volver a colocar las croquetas en la sartén, bajar la llama, tapar y cocinar a fuego lento 30 minutos.*

3 *Servir sobre espaguetis hervidos u otra pasta.*

4–6 porciones

ingredientes

Croquetas

500 g/1 lb de pollo molido
1 cebolla mediana, rallada
2 cucharadas de perejil
finamente picado
1/2 cucharadita de sal
pimienta
1 huevo
1/2 taza/60 g/2 oz de pan seco molido
1 cucharada de agua
aceite para freír

Salsa de tomate

1 cebolla mediana, finamente picada
1 diente de ajo, machacado
1 cucharada de aceite
1 lata de tomates de 440 g/14 oz
1 cucharada de extracto de tomate
1/2 taza/125 ml/4 fl oz de agua
1/2 cucharadita de orégano seco
1 cucharadita de azúcar
sal, pimienta
1 cucharada de perejil picado

pastel
mediterráneo

Foto en página 15

ingredientes

2 cucharadas de aceite de oliva
1 puerro grande, rebanado
1 diente de ajo, machacado
**500 g/1 lb de pechugas de pollo,
en dados**
**1 atado de espinaca, blanqueada,
exprimida y picada**
**2 pimientos rojos, asados y cortados
en cubos**
**60 g/2 oz de aceitunas negras,
deshuesadas y en mitades**
200 g/7 oz de queso feta, desmenuzado
2 cucharadas de perejil picado
1 cucharada de orégano picado
3 huevos
60 ml/2 fl oz de crema
pimienta recién molida
16 hojas de masa filo
1 cucharada extra de aceite de oliva
1 cucharada de mantequilla, derretida
1 cucharada de semillas de ajonjolí

Preparación

1 *Precalentar el horno. Calentar 1 cucharada de aceite en una sartén grande, agregar el puerro y el ajo y cocinar 5 minutos o hasta que estén blandos. Reservar.*

2 *Calentar el resto del aceite, añadir el pollo por tandas y cocinar 6-8 minutos.*

3 *En un bol grande mezclar el pollo, la espinaca, los pimientos, las aceitunas, el queso feta, el perejil, el orégano, los huevos, la crema y la pimienta. Revolver para unir. Reservar.*

4 *Engrasar ligeramente una fuente refractaria cuadrada de 23 cm/9 in de lado. Mezclar el aceite extra y la mantequilla.*

5 *Superponer 2 hojas de masa filo, pincelar con la mezcla de aceite, poner otras 2 hojas encima y volver a pincelar. Seguir así hasta encimar 8 hojas. Forrar la fuente con la masa filo y recortar los bordes. Rellenar con*

la mezcla de pollo. Repetir el procedimiento anterior con el resto de la masa filo, colocar sobre el relleno y doblar los bordes hacia adentro.

6 *Pincelar la superficie con la mezcla de aceite, esparcir las semillas de ajonjolí y hornear 40-45 minutos.*

4-6 porciones

Temperatura del horno 180°C/350°F/Gas 4

rollo
de pollo y puerro

Preparación

1 Derretir mantequilla en una sartén sobre fuego medio, agregar los puerros y cocinar, revolviendo, 4 minutos o hasta que estén dorados. Incorporar los champiñones y cocinar 2 minutos más o hasta que estén blandos. Retirar de la sartén y dejar enfriar.

2 Añadir el pollo a la sartén y cocinar, revolviendo, 5 minutos o hasta que esté apenas cocido. Retirar de la sartén y dejar enfriar.

3 En un bol mezclar los puerros y champiñones con el pollo, la crema agria, el cebollín y pimienta negra a gusto.

4 Pincelar cada hoja de masa con aceite y apilar. Distribuir el relleno sobre la masa dejando 2 cm/³/₄ in libres en el contorno. Doblar los costados hacia adentro y enrollar. Poner el rollo en una bandeja para horno, pincelar con el aceite y esparcir las semillas de amapola. Hornear 20 minutos o hasta que la masa esté crocante y dorada.

4 porciones

ingredientes

30 g/1 oz de mantequilla
3 puerros, rebanados
125 g/4 oz de champiñones, rebanados
2 pechugas de pollo deshuesadas, rebanadas
¹/₃ taza/90 g/3 oz de crema agria
1 cucharada de cebollín fresco tijereteado
pimienta negra recién molida
12 hojas de masa filo
2 cucharadas de aceite de oliva
1 cucharada de semillas de ajonjolí

Temperatura del horno 200°C/400°F/Gas 6

gratín
de pollo y pasta

Preparación

1 Pincelar los tomates con el aceite y cocinar en el grill precalentado 10 minutos o hasta que estén blandos y tostados. Reservar.

2 Cocinar la pasta en agua hirviente en una olla grande, siguiendo las indicaciones del paquete; escurrir y reservar.

3 Derretir mantequilla en una sartén a fuego medio, agregar el ajo y la cebolla y cocinar, revolviendo, 3 minutos o hasta que estén blandos y dorados. Incorporar el pollo y cocinar, revolviendo, 6 minutos más o hasta que esté tierno.

4 Añadir el vino, la crema y el estragón y llevar a hervor. Bajar la llama y hervir a fuego lento 10 minutos. Retirar del calor; agregar los tomates, la pasta, la mitad del queso sabroso y pimienta negra a gusto y mezclar suavemente.

5 Colocar la preparación en una fuente refractaria de 8 tazas/2 litros/3 ¹/₂ pt de capacidad, engrasada. Combinar el resto del queso sabroso con el parmesano y esparcir en la superficie. Hornear 20 minutos o hasta que el queso se derrita y se dore.

4 porciones

ingredientes

6 tomates italianos carnosos, en mitades
1 cucharada de aceite
315 g/10 oz de pasta integral
30 g/1 oz de mantequilla
1 diente de ajo, machacado
1 cebolla roja, rebanada
2 pechugas de pollo deshuesadas, rebanadas
¹/₄ taza/60 ml/2 fl oz de vino blanco
1 ¹/₄ taza/315 ml/10 fl oz de crema espesa
1 cucharada de estragón fresco picado o 1 cucharadita de estragón seco
125 g/4 oz de queso sabroso (cheddar maduro), rallado
pimienta negra recién molida
30 g/1 oz de queso parmesano, rallado

moussaka
de pollo

Foto en página 19

Preparación

1 *Colocar las berenjenas en un colador ubicado sobre un bol y salar. Dejar que la sal actúe 10 minutos, enjuagar bajo agua corriente fría y secar con papel absorbente.*

2 *Calentar 2 cucharadas de aceite en una sartén a fuego medio y cocinar las berenjenas, por tandas, 2 minutos de cada lado o hasta que estén doradas. Reservar.*

3 *Calentar el resto del aceite en la sartén, agregar el ajo y la cebolla y cocinar, revolviendo, 3 minutos o hasta que estén blandos y dorados. Incorporar el pollo y cocinar, revolviendo, 5 minutos o hasta que se dore. Añadir los tomates y llevar a hervor. Bajar la llama y cocinar a fuego lento 15 minutos o hasta que se reduzca y espese. Retirar del fuego y dejar enfriar.*

4 *Para hacer la salsa, derretir mantequilla en una olla a fuego medio, incorporar la harina y revolver 1 minuto. Fuera del calor verter gradualmente la leche, mientras se revuelve. Volver sobre la llama y cocinar, revolviendo constantemente, hasta que hierva y espese. Retirar y unir con el queso sabroso.*

5 *Disponer la mitad de las tajadas de berenjena en la base de una fuente refractaria de 10 tazas/2 1/2 litros/4 pt de capacidad. Cubrir con la mitad de la mezcla de pollo, la mitad de las papas y la mitad de la salsa. Repetir las capas. Mezclar el pan molido con el queso parmesano y esparcir sobre la moussaka. Hornear 50 minutos o hasta que la superficie esté dorada y el interior, caliente.*

Nota: *Emplear pollo en esta receta es una alternativa innovadora para un plato tradicional, que por lo general se hace con carne molida de cordero o de res.*

8 porciones

ingredientes

4 berenjenas, rebanadas finas
sal
3 cucharadas de aceite de oliva
2 dientes de ajo, machacados
1 cebolla, picada
500 g/1 lb de pollo molido
2 latas de 440 g/14 oz de tomates pelados, hechos puré con su jugo
500 g/1 lb de papas, rebanadas finas
1/2 taza/30 g/1 oz de pan seco molido
60 g/2 oz de queso parmesano, rallado

Salsa de queso
30 g/1 oz de mantequilla
2 cucharadas de harina
1 1/4 taza/315 ml/10 fl oz de leche
60 g/2 oz de queso sabroso (cheddar maduro), rallado

Temperatura del horno 180°C/350°F/Gas 4

pizza
de pollo oriental

Preparación

1 *Poner la base de pizza en una bandeja para horno ligeramente engrasada. Untar con la salsa teriyaki y cubrir con el pollo, los comelotodos, las cebollas de rabo, el tofu y los espárragos. Esparcir el cilantro y las semillas de ajonjolí.*

2 *Rociar con la salsa de chile y hornear 30 minutos o hasta que la base esté dorada y crocante.*

Nota: *Para una comida completa, sirva esta sabrosa pizza con una selección de sus ensaladas favoritas. Si lo prefiere, utilice salsa de soja dulce, también conocida como kechap manis, en lugar de salsa teriyaki.*

4 porciones

ingredientes

1 base de pizza prelista de 30 cm/12 in
$^{1}/_{4}$ taza/60 ml/2 fl oz de salsa teriyaki espesa
2 pechugas de pollo deshuesadas, cocidas y rebanadas
125 g/4 oz de comelotodos, rebanados finos
4 cebollas de rabo, rebanadas
155 g/5 oz de tofu, picado
6 espárragos, en trozos de 5 cm/2 in
3 cucharadas de cilantro fresco picado
3 cucharadas de semillas de ajonjolí, tostadas
2 cucharadas de salsa de chile dulce

Temperatura del horno 200°C/400° F/Gas 6

Preparación

1 Poner el pollo entre hojas de papel encerado y golpear ligeramente para aplanar. Pasar por harina, luego por huevo y finalmente por pan molido. Ubicar en una fuente forrada de film y refrigerar 15 minutos.

2 Calentar el aceite en una sartén grande a fuego medio, agregar el pollo y cocinar 2-3 minutos de cada lado o hasta que esté dorado. Retirar de la sartén y reservar.

3 Incorporar la salsa para pasta a la sartén y cocinar a fuego medio, revolviendo, 4-5 minutos o hasta calentar. Acomodar el pollo, sin encimar, y cubrir cada pechuga con una lonja de jamón, una tajada de mozzarella y una ramita de salvia. Tapar y cocinar a fuego lento 5 minutos o hasta que el pollo esté a punto y la mozzarella se derrita. Servir de inmediato.

6 porciones

pollo
a la italiana

ingredientes

**6 pechugas de pollo deshuesadas,
sin piel
harina sazonada
1 huevo, apenas batido
pan seco molido
1/4 taza/60 ml/2 fl oz de aceite
500 g/1 lb de salsa de tomate envasada
para pasta
6 lonjas de jamón crudo o cocido
6 tajadas de mozzarella
6 ramitas de salvia fresca**

alitas
crujientes al curry

Foto en página 23

Preparación

1 Enjuagar las alas de pollo y secar con papel absorbente. Frotar con el curry en toda la superficie. Disponer en una fuente, sin encimar; llevar al refrigerador 30 minutos, sin tapar.

2 Mientras tanto, colocar el arroz en una cazuela refractaria de 8 tazas/2 litros/3 $^1/_2$ pt de capacidad; agregar la sal y el agua hirviente. Cubrir con la tapa o con papel de aluminio y poner en el estante inferior del horno precalentado. Cocinar 40 minutos.

3 Pasar las alas de pollo a una rejilla de alambre ubicada sobre una bandeja para horno. Cuando haya pasado la mitad del tiempo de cocción del arroz, ubicarlas en el estante superior del horno; cocinar 20 minutos, dando vuelta una vez. Retirar el arroz y dejar reposar 5 minutos, sin destapar. Subir la temperatura del horno a 200°C/400°F y cocinar las alas 5 minutos, para que resulten crujientes.

4 Partir los tomates por la mitad, quitar las semillas y cortar la pulpa en dados pequeños. Pelar el pepino, abrirlo por el medio a lo largo y extraer las semillas con una cucharita. Cortar el pepino en dados, mezclarlo con los tomates y disponer en un cuenco; colocar el chutney en otro cuenco. Servir las alitas con el arroz, la refrescante combinación de tomate y pepino y el chutney.

Consejo: Coordinar los tiempos para que el arroz y el pollo puedan cocinarse en el mismo horno.

4-6 porciones

ingredientes

1 kg/2 lb de alitas de pollo
2 cucharadas de curry suave en pasta
1 $^1/_2$ taza/330 g/11 oz de arroz basmati, enjuagado
$^1/_2$ cucharadita de sal
3 tazas/750 ml/1 $^1/_4$ pt de agua hirviente
2 tomates, blanqueados y pelados
1 pepino pequeño
1 taza/240 g/8 oz de chutney de frutas

Temperatura del horno 180°C/350°F/Gas 4

sopa de pollo y maíz

calidez invernal

Cuando se instala el invierno y los días

se vuelven más cortos y las noches más frías, una sopa humeante, un curry aromático o una sabrosa cazuela son el remedio perfecto para obtener calidez y satisfacción.

sopa
de pollo y maíz

Foto en página 25

Preparación

1 Calentar el aceite en una cacerola a fuego medio, agregar la cebolla y cocinar, revolviendo, 4-5 minutos o hasta que esté blanda. Incorporar el pollo y cocinar 2 minutos más o hasta que apenas cambie de color.

2 Añadir las papas y el caldo y llevar a hervor. Bajar la llama y cocinar a fuego lento 10 minutos o hasta que las papas estén casi cocidas. Agregar el maíz, la leche, el laurel y pimienta negra a gusto. Llevar a hervor, bajar la llama y cocinar a fuego lento 3-4 minutos o hasta que las papas estén cocidas. Quitar el laurel. Añadir el jugo de limón, el perejil y el cebollín. Justo antes de servir, esparcir por arriba el queso parmesano.

Nota: Para picar el maíz dulce, ponerlo en un procesador o licuadora y procesar por pulsos hasta que resulte picado grueso. Si lo prefiere, use maíz dulce cremoso en lugar de granos; en tal caso no necesitará picarlo.

6 porciones

ingredientes

1 cucharada de aceite
1 cebolla pequeña, en dados
250 g/8 oz de pechugas de pollo deshuesadas, en hebras
3 papas, picadas
3 $1/_2$ tazas/875 ml/1 $1/_2$ pt de caldo de pollo
315 g/10 oz de granos de maíz dulce en lata, escurridos y picados gruesos
1 $1/_4$ taza/315 ml/10 fl oz de leche
1 hoja de laurel
pimienta negra recién molida
1 cucharada de jugo de limón
2 cucharadas de perejil fresco picado
1 cucharada de cebollín fresco tijereteado
60 g/2 oz de queso parmesano, rallado

sopa
mulligatawny

Preparación

1 Calentar el aceite en una olla grande a fuego medio, agregar las cebollas, la manzana y el ajo y cocinar, revolviendo, 5 minutos o hasta que las cebollas estén tiernas. Incorporar el jugo de limón, el curry, el azúcar, el comino y el coriandro y cocinar a fuego bajo, revolviendo, 10 minutos o hasta que esté fragante.

2 Diluir la harina en un poco de caldo y añadirla mientras se revuelve. Incorporar el pollo, el arroz y el resto del caldo y revolver hasta que rompa el hervor. Bajar la llama, tapar y cocinar a fuego lento 20 minutos o hasta que el pollo y el arroz estén cocidos. Sazonar a gusto con pimienta negra.

Nota: Una pizca de salsa de chile y un tomate picado son agregados deliciosos para esta sopa. Servir con pan francés, árabe o naan.

4 porciones

ingredientes

1 cucharada de aceite
2 cebollas, picadas
1 manzana verde, sin corazón,
pelada y picada
1 diente de ajo, machacado
2 cucharadas de jugo de limón
1 cucharada de curry en polvo
1 cucharadita de azúcar morena
$^1/_2$ cucharadita de comino molido
$^1/_4$ cucharadita de coriandro molido
2 cucharadas de harina
8 tazas/2 litros/3 $^1/_2$ pt de caldo
de pollo
500 g/1 lb de pechugas o muslos
de pollo deshuesados,
en cubos de 1 cm/$^1/_2$ in
$^1/_3$ taza/75 g/2 $^1/_2$ oz de arroz
pimienta negra recién molida

minestrone
de pollo

Preparación

1 *Rociar ligeramente la base de una olla grande con aceite de canola en aerosol. Agregar la cebolla y el ajo; revolver hasta que tomen un poco de color. Incorporar el apio y la zanahoria y seguir revolviendo 1 minuto más.*

2 *Picar los tomates y añadirlos a la olla, con su jugo. Agregar el agua, la pimienta, el orégano, las especias y el perejil. Llevar a hervor e incorporar los macarrones. Revolver hasta que la sopa vuelva a hervir y cocinar despacio 15 minutos.*

3 *Agregar la col, los guisantes y el pollo; mezclar. Cocinar a fuego lento 15-20 minutos. Servir caliente, con pan francés.*

Consejo: *La sopa sobrante puede congelarse en un recipiente hermético.*

4-6 porciones

ingredientes

**aceite de canola en aerosol
1 cebolla, finamente picada
1 diente de ajo, picado
1 tallo de apio, en cubos
1 zanahoria, en cubos
420 g/14 oz de tomates pelados
en lata, sin sal agregada
4 tazas/1 litro/1 3/4 pt de agua
pimienta negra recién molida
1 cucharadita de orégano seco
1 cucharadita de especias surtidas
2 cucharadas de perejil picado
1/2 taza/60 g/2 oz de macarrones
cortados
1/4 col, en fina juliana
150 g/5 oz de guisantes baby
congelados
200 g/7 oz de pollo para saltear**

sopa
de tomate, pimiento y pan

Preparación

1 *Precalentar el horno. Aceitar ligeramente un trasto para horno, disponer los tomates y hornear 20 minutos o hasta que la piel se ampolle. Retirar, dejar enfriar, quitar la piel y picar grueso. Hacer lo mismo con los pimientos.*

2 *Calentar el aceite en una olla, agregar el ajo y las cebollas y cocinar 5 minutos o hasta que estén blandos. Incorporar el comino y el coriandro y cocinar 1 minuto. Añadir los tomates, los pimientos y el caldo, llevar a hervor y cocinar a fuego lento 30 minutos. Agregar el pan, el vinagre balsámico, sal y pimienta; cocinar 5-10 minutos más.*

3 *Servir con queso parmesano, si se desea.*

4 porciones

1 kg/2 lb de tomates
2 pimientos rojos
30 ml/1 fl oz de aceite de oliva
3 dientes de ajo, machacados
2 cebollas, finamente picadas
2 cucharaditas de comino molido
1 cucharadita de coriandro molido
4 tazas/1 litro/1 ³/₄ pt de caldo de pollo
2 rebanadas de pan blanco, descortezadas y trozadas
30 ml/1 fl oz de vinagre balsámico sal y pimienta recién molida

coq au vin

Preparación

1 Empolvar el pollo con harina y sacudir el exceso. Calentar el aceite en una sartén antiadherente grande, a fuego medio. Cocinar el pollo por tandas, dando vuelta a menudo, 10 minutos o hasta que esté dorado por todos lados. Retirar y escurrir sobre papel absorberte.

2 Agregar a la sartén el ajo, las cebollitas o chalotes y el tocino. Cocinar, revolviendo, 5 minutos o hasta que las cebollitas estén doradas. Volver a poner el pollo en la sartén, verter el caldo y el vino y llevar a hervor. Bajar la llama, tapar y cocinar a fuego lento, revolviendo de vez en cuando, 1 ¹/₄ hora o hasta que el pollo esté tierno. Incorporar los champiñones y pimienta negra a gusto y cocinar 10 minutos más.

6 porciones

ingredientes

2 kg/4 lb de presas de pollo
¹/₂ taza/60 g/2 oz de harina sazonada
2 cucharadas de aceite de oliva
2 dientes de ajo, machacados
12 cebollitas perla o chalotes, pelados
8 lonjas de tocino, picadas
1 taza/250 ml/8 fl oz de caldo de pollo
3 tazas/750 ml/1 ¹/₄ pt de vino tinto
250 g/8 oz de champiñones
pimienta negra recién molida

pollo
a la mantequilla de cajú

Preparación

1 Derretir la mantequilla clarificada o común en una olla a fuego medio, agregar el ajo y las cebollas y cocinar, revolviendo, 3 minutos o hasta dorar.

2 Incorporar el curry en pasta, el coriandro y la nuez moscada, revolver y cocinar 2 minutos o hasta que esté fragante. Agregar el pollo y cocinar, revolviendo, 5 minutos o hasta que esté dorado.

3 Añadir las castañas de Cajú, la crema y la leche de coco. Llevar a hervor suave y cocinar despacio, revolviendo cada tanto, 40 minutos o hasta que el pollo esté tierno.

Nota: Para tostar las castañas de Cajú, desparramarlas sobre una bandeja para horno y hornear a 180ºC/350ºF/Gas 4 por 5-10 minutos o hasta que se doren en forma ligera y pareja, removiendo de vez en cuando. Como alternativa, asarlas en el grill a fuego medio, removiendo con frecuencia.

6 porciones

ingredientes

60 g/2 oz de mantequilla
clarificada o común
2 dientes de ajo, machacados
2 cebollas, molidas
1 cucharada de curry en pasta
1 cucharada de coriandro molido
$^{1}/_{2}$ cucharadita de nuez moscada molida
750 g/1 $^{1}/_{2}$ lb de muslos o pechugas
de pollo deshuesados,
en cubos de 2 cm/$^{3}/_{4}$ in
60 g/2 oz de castañas de Cajú,
tostadas y molidas
1 $^{1}/_{4}$ taza/315 ml/10 fl oz de crema espesa
2 cucharadas de leche de coco

frijoles
marroquíes

Preparación

1 Calentar el aceite en una olla a fuego medio, agregar el jengibre, la canela, el comino y la cúrcuma y cocinar, revolviendo, 1 minuto. Incorporar las cebollas y cocinar 8 minutos más o hasta que estén blandas.

2 Añadir a la olla los frijoles colorados y de soja, los garbanzos, el pollo, el puré de tomate y el caldo; llevar a hervor. Bajar la llama y cocinar a fuego lento 10 minutos. Agregar las pasas y los piñones y cocinar 2 minutos más.

Nota: Para una comida completa, sirva esta deliciosa propuesta con un nutritivo pan integral.

4-6 porciones

ingredientes

1 cucharada de aceite
1 cucharada de jengibre fresco rallado
1 cucharadita de canela molida
1 cucharadita de semillas de comino
$^{1}/_{2}$ cucharadita de cúrcuma
2 cebollas, picadas
440 g/14 oz de frijoles colorados
en lata, enjuagados y escurridos
440 g/14 oz de frijoles de soja en lata,
enjuagados y escurridos
440 g/14 oz de garbanzos en lata,
enjuagados y escurridos
375 g/12 oz de pollo cocido, picado
440 g/14 oz de puré de tomate
1 taza/250 ml/8 fl oz caldo de verduras
75 g/2 $^{1}/_{2}$ oz de pasas de uva Corinto
60 g/2 oz de piñones, tostados

pappardelle
con pollo ahumado

Preparación

1. Para hacer la mantequilla de nasturtium, unir todos los ingredientes en un bol; reservar.
2. Cocinar la pasta en agua hirviente en una olla grande, siguiendo las indicaciones del paquete. Escurrir y mantener caliente.
3. Calentar una sartén antiadherente a fuego medio, agregar el pollo y revolver 1 minuto. Añadir el vino, la crema, el cebollín y pimienta negra a gusto, llevar a hervor suave y cocinar a fuego lento 2 minutos.
4. Para servir, cubrir la pasta con la mezcla de pollo y la mantequilla.

   Nota: El perfecto acompañamiento para este platillo es una ensalada de berro o rúcula aliñada con vinagre balsámico y cubierta con láminas de queso parmesano. La mantequilla de nasturtium también es deliciosa como relleno de sándwiches si se combina con berro o rúcula.

6 porciones

ingredientes

750 g/1 ¹/₂ lb de pappardelle
1 ¹/₂ kg/3 lb de pollo ahumado, sin piel y rebanado
¹/₂ taza/125 ml/4 fl oz de vino blanco
1 taza/250 ml/8 fl oz de crema
2 cucharadas de cebollín fresco tijereteado
pimienta negra recién molida

Mantequilla de nasturtium
125 g/4 oz de mantequilla, ablandada
1 diente de ajo, machacado
1 cucharada de jugo de lima
6 flores de nasturtium, finamente picadas

pollo
con albaricoques

Foto en página 35

Preparación

1 Disponer las presas de pollo en una fuente refractaria grande. Esparcir la cebolla, la mezcla de sopa y el curry en polvo.

2 Agregar los albaricoques con su jugo y el vino o agua; mezclar bien. Tapar y hornear 1-1 1/4 hora o hasta que el pollo esté tierno.

Nota: El pollo es una de las bases de menor costo para un platillo principal, en especial si compran las presas más económicas, como patas, alas o muslos.

6 porciones

ingredientes

1 1/2 kg/3 lb de presas de pollo
1 cebolla, rebanada
1 sobre de 45 g/1 1/2 oz de sopa
de cebolla o de pollo con fideos
2 cucharaditas de curry en polvo
440 g/14 oz de mitades de albaricoques
en lata, en jugo natural
1/4 taza/60 ml/2 fl oz de vino blanco
o agua

Temperatura del horno 180°C/350°F/Gas 4

stroganoff
de pollo

Foto en página 35

Preparación

1 Calentar el aceite en una sartén a fuego medio, agregar la cebolla y el ajo y revolver 4-5 minutos o hasta que estén tiernos. Añadir el pollo y cocinar, revolviendo, 3-4 minutos o hasta que esté apenas cocido. Incorporar los champiñones y revolver 2 minutos más.

2 Agregar la crema agria, el extracto de tomate, la páprika y pimienta a gusto. Llevar a hervor suave y cocinar a fuego lento 5 minutos o hasta que la salsa espese. Esparcir las cebollas de rabo o el perejil y servir de inmediato, con arroz o pasta y ensalada verde.

Nota: El pollo es una fuente de proteínas más barata que la carne roja, y puede reemplazarla en platillos clásicos como éste. Si prefiere una versión con más salsa, agregue un poco de caldo de pollo o una lata de 440 g/14 oz de tomates machacados sin escurrir junto con los champiñones.

6 porciones

ingredientes

2 cucharadas de aceite de oliva
1 cebolla, rebanada
1 diente de ajo, machacado
8 muslos o 4 pechugas de pollo
deshuesados, rebanados
125 g/4 oz de champiñones, rebanados
1 1/4 taza/315 g/10 oz de crema agria
1/4 taza/60 ml/2 fl oz de extracto
de tomate
1/2 cucharadita de páprika
pimienta negra recién molida
2 cebollas de rabo, picadas, o perejil
fresco, picado

pollo
al curry verde

Preparación

1 Calentar el aceite en un wok a fuego medio; agregar la cebolla o la hierba limón y las hojas de lima, y saltear 3 minutos o hasta que la cebolla esté dorada.

2 Incorporar el curry y la pasta de langostinos (si se utiliza) y saltear 3 minutos más o hasta que esté fragante. Agregar la leche de coco, la salsa de pescado y el azúcar mientras se revuelve; llevar a hervor, luego bajar la llama y cocinar a fuego lento, revolviendo a menudo, 10 minutos.

3 Añadir el pollo, los brotes de bambú, el maíz y la albahaca y cocinar, revolviendo con frecuencia, 15 minutos o hasta que el pollo esté tierno.

Nota: La hierba limón se consigue en tiendas de comestibles orientales y en algunos supermercados y verdulerías. Si la compra seca, antes de usarla hidrátela en agua caliente 20 minutos o hasta que esté blanda. La que se vende envasada en el supermercado se usa del mismo modo que la fresca.

6 porciones

ingredientes

1 cucharada de aceite de maní
1 cebolla, picada
1 tallo de hierba limón fresca, finamente picado, o 1 cucharada de hierba limón seca, hidratada en agua caliente
3 hojas de lima kaffir, en fina juliana
2 cucharadas de curry verde thai en pasta
1 cucharadita de pasta de langostinos (opcional)
2 tazas/500 ml/16 fl oz de leche de coco
1 cucharada de salsa de pescado thai (nam pla)
1 cucharada de azúcar
1 kg/2 lb de muslos o pechugas de pollo deshuesados, en cubos de 2 cm/³/₄ in
220 g/7 oz de brotes de bambú en lata, escurridos
310 g/10 oz de mazorcas de maíz baby en lata, escurridas
2 cucharadas de albahaca fresca picada

pollo
al curry con plátanos

Preparación

1 Mezclar la sal con la cúrcuma y frotar los plátanos. Calentar el aceite en un wok a fuego medio, agregar los plátanos y saltear 5 minutos o hasta que estén dorados. Retirar y escurrir sobre papel absorbente.

2 Incorporar a la sartén las cebollas de rabo, el jengibre y los chiles y saltear 2 minutos o hasta que se ablanden. Añadir la leche de coco, la canela, las pasas, las castañas de Cajú y el pollo; revolver y llevar a hervor suave. Cocinar a fuego lento, revolviendo de vez en cuando, 20 minutos.

3 Rebanar los plátanos, ponerlos de nuevo en la sartén y cocinar a fuego lento, revolviendo cada tanto, 10 minutos o hasta que el pollo esté tierno. Retirar la canela antes de servir.

6 porciones

ingredientes

sal a gusto
1 cucharadita de cúrcuma molida
10 plátanos verdes, pelados
2 cucharadas de aceite
3 cebollas de rabo, picadas
1 cucharada de jengibre fresco
finamente rallado
2 chiles rojos frescos pequeños,
sin semillas y picados
1 $^1/_2$ taza/375 ml/12 fl oz de leche
de coco
1 rama de canela
45 g/1 $^1/_2$ oz de pasas de uva sultanas
30 g/1 oz de castañas de Cajú tostadas
6 pechugas de pollo deshuesadas,
en tiras finas

pollo salteado
con almendras y brócoli

Preparación

1 Poner el pollo en un bol y espolvorear con el almidón, las cinco especias y la sal; mezclar y reservar. Calentar alrededor de 2 $^1/_2$ cm/ 1 in de aceite en un wok y freír las almendras hasta que estén doradas; escurrir y reservar. Agregar el jengibre y el ajo y saltear 1 minuto. Incorporar el pollo por tandas y saltear hasta que se torne blanco.

2 Volver a poner todo el pollo en el wok. Añadir el jerez, el azúcar y la salsa de soja. Mezclar y verter el almidón extra disuelto en el agua. Revolver hasta que la salsa espese.

3 Agregar el brócoli y las almendras fritas y agitar para que todo se caliente. Servir de inmediato con arroz hervido.

Consejo: Para blanquear el brócoli, sumergirlo en agua hirviente 30 segundos o hasta que tome color verde brillante. Sacar de inmediato y pasar a un bol con agua helada. Cuando esté frío, escurrir en un colador.

4 porciones

ingredientes

500 g/1 lb de pollo para saltear
3 cucharaditas de almidón de maíz
$^1/_2$ cucharadita de cinco especias en polvo
$^1/_2$ cucharadita de sal
aceite para freír
150 g/5 oz de almendras blanqueadas
1 $^1/_2$ cucharadita de jengibre fresco finamente picado
1 diente de ajo, machacado
2 cucharadas de jerez seco
1 cucharadita de azúcar
1 cucharada de salsa de soja
2 cucharaditas de agua
2 cucharaditas extra de almidón de maíz
200 g/7 oz de ramilletes de brócoli, blanqueados
arroz hervido para servir

pollo
a la portuguesa

Preparación

1 Calentar 2 cucharadas de aceite en una sartén a fuego medio, agregar el pollo y cocinar 2-3 minutos de cada lado o hasta que esté dorado. Retirar y reservar.

2 Calentar el resto del aceite en la sartén, incorporar las cebollas y cocinar, revolviendo, 5 minutos o hasta que estén doradas. Añadir el ajo y cocinar 1 minuto más.

3 Volver a poner el pollo en la sartén; agregar los tomates, los hongos, el caldo y el extracto de tomate y llevar a hervor. Bajar la llama, tapar y cocinar a fuego lento 30 minutos o hasta que el pollo esté cocido. Sazonar a gusto con pimienta negra y esparcir el perejil encima.

Nota: El tiempo de cocción variará de acuerdo con el tamaño de los muslos de pollo. Para una comida completa, servir sobre un lecho de arroz blanco o integral hervido.

4 porciones

ingredientes

4 cucharadas de aceite
8 muslos de pollo, sin piel y desgrasados
2 cebollas, en cubos
3 dientes de ajo, machacados
440 g/14 oz de tomates en lata, escurridos y hechos puré
8 hongos, rebanados
¹/₂ taza/125 ml/4 fl oz de caldo de pollo
2 cucharadas de extracto de tomate
pimienta negra recién molida
2 cucharadas de perejil fresco picado

pollo de la viña

frescuras primaverales

Llega la frescura de la primavera y con

ella la disponibilidad de nuevas hierbas, frutas y vegetales. Disfrute de las tentaciones que representan las patas de pollo con salsa de eneldo, el pollo con orégano y limón o el pollo con cítricos y especias.

pollo
de la viña

Foto en página 41

ingredientes

**4 pechugas o muslos de pollo
deshuesados
2 cucharaditas de aceite
2 cebollas, rebanadas
2 dientes de ajo, machacados
440 g/14 oz de tomates en lata,
sin escurrir y hechos puré
I pimiento verde, picado
I taza/250 ml/8 fl oz de vino blanco**

Relleno de requesón
**125 g/4 oz de requesón, escurrido
2 cucharadas de albahaca fresca picada
pimienta negra recién molida**

Preparación

1 Hacer un tajo profundo en el costado de cada presa de pollo, para formar un bolsillo.
2 Para hacer el relleno, mezclar en un bol el requesón, la albahaca y pimienta a gusto. Rellenar los bolsillos con el relleno y asegurar con palillos.
3 Calentar aceite en una sartén grande, agregar las cebollas y el ajo y revolver 3 minutos o hasta que estén blandos. Incorporar los tomates, el pimiento y el vino y cocinar, revolviendo, 2 minutos.
4 Añadir el pollo, tapar y cocinar a fuego lento, dando vuelta de vez en cuando, 30 minutos o hasta que esté tierno.
Nota: Esta receta puede hacerse, hasta el final del paso 2, con varias horas de anticipación.
4 porciones

bistecs de pollo
con salsa de hierbas

ingredientes

**ikg/2 lb de muslos de pollo
deshuesados
1-2 cucharadas de mantequilla
I diente de ajo, finamente picado
I cebolla, finamente picada
sal, pimienta
1/4 taza/60 ml/2 fl oz de jugo de limón
I cucharada de perejil picado**

Preparación

1 Con un mazo golpear los muslos de pollo de ambos lados para aplanarlos.
2 En una sartén grande de material pesado calentar suficiente mantequilla para cubrir la base. Cocinar los muslos 3 minutos de cada lado, a fuego medio. Pasar a un plato caliente.
3 Agregar el ajo y las cebollas y freír a fuego suave hasta que estén blandos. Incorporar sal, pimienta, el jugo de limón y el perejil. Revolver rápidamente para levantar los jugos de la sartén y verter sobre los bistecs de pollo. Servir de inmediato con guarnición de vegetales.
4 porciones

risoles
de pollo

Preparación

1 *Mezclar todos los ingredientes de los risoles y amasar un poco para lograr una consistencia compacta. Tapar y refrigerar 20 minutos. Con las manos húmedas formar esferas de aproximadamente 2 ¹/₂ cm/1 in de diámetro y aplanarlas. Disponer en una fuente y reservar en el refrigerador.*

2 *Para hacer los panqueques, tamizar la harina, el polvo para hornear y la sal en un bol. Combinar la albahaca y el ajo con la leche, agregar el huevo y batir. Hacer un hoyo en el centro de la harina y verter allí la mezcla. Unir para obtener una pasta lisa. Tapar y dejar reposar 20 minutos.*

3 *Calentar la barbacoa y aceitar la parrilla y la plancha. Pincelar los risoles con un poco de aceite y asarlos sobre la parrilla 2 minutos de cada lado. Al mismo tiempo, verter sobre la plancha ¹/₄ taza/60 ml/2 fl oz de la pasta para panqueques. Cocinar hasta que la superficie se ampolle y la base esté dorada. Dar vuelta y dorar del otro lado. Repetir con el resto de la pasta y apilar los panqueques sobre un paño a medida que estén listos.*

4 *Para hacer la salsa, mezclar el yogur con el chile. Servir sobre cada panqueque 3 risoles y un toque de salsa. Acompañar con una ensalada y los panqueques que queden.*

6 porciones

ingredientes

Risoles
500 g/1 lb de pollo molido
¹/₂ cucharadita de sal
¹/₄ cucharadita de pimienta
1 cucharadita de ajo picado
2 cucharadas de chile recién picado
2 cucharadas de pan seco molido
¹/₄ taza/60 ml/2 fl oz de agua

Panqueques
1 taza/150 g/5 oz de harina común
1 cucharadita de polvo para hornear
¹/₄ cucharadita de sal
2 cucharadas de albahaca y ajo recién triturados
³/₄ taza/180 ml/6 fl oz de leche
1 huevo

Salsa de chile y yogur
200 g/7 oz de yogur natural
1 cucharada de chile recién picado

ensalada
de pollo ahumado

Preparación

1 Disponer el pollo, los pimientos, los tomates y la lechuga en forma armoniosa en una ensaladera o fuente.

2 Para hacer el aliño, poner el aliño francés, la mayonesa, la mostaza y la albahaca en un tazón y mezclar bien. Verter sobre la ensalada y servir de inmediato.

Sugerencia: *Acompañar con pan tostado de centeno o de trigo entero.*

Nota: *El pollo ahumado es uno de los productos alimenticios de más reciente aparición. Ha sido curado y ahumado y tiene una carne rosa pálido de delicado sabor. Se encuentra en algunos supermercados y en tiendas de especialidades gastronómicas.*

4 porciones

ingredientes

1 ¹/₂ kg/3 lb de pollo ahumado, sin piel y desmenuzado
2 pimientos rojos, 2 amarillos y 2 verdes, asados y cortados en tiras finas
250 g/8 oz de tomates cherry, en mitades
1 lechuga romana, con las hojas separadas y rasgadas

Aliño de albahaca
3 cucharadas de aliño francés
¹/₂ taza/125 g/4 oz de mayonesa
1 cucharada de mostaza en grano
2 cucharadas de albahaca fresca picada

patitas fritas
a la sureña

Preparación

1 Enjuagar las patas de pollo y secarlas con papel absorbente. Estirar bien la piel sobre la carne.

2 Mezclar la harina, la sal y la pimienta en un plato playo forrado con papel. Batir bien los huevos y la leche en un plato hondo.

3 Pasar cada pata por la harina, luego por el huevo y nuevamente por la harina, levantando el extremo del papel para que caiga harina sobre la pata y haciéndola girar hasta que esté bien cubierta. Poner las patas en una bandeja, sin encimarlas.

4 Calentar el aceite en una sartén grande. Incorporar las patas y freír pocos minutos de cada lado, hasta que empiecen a tomar color. Bajar la llama, tapar la sartén y cocinar lentamente 20 minutos, dando vuelta a los 10 minutos.

5 Destapar, subir la llama y seguir cocinando hasta que las patas estén doradas y crocantes, dando vuelta a menudo. Retirar y escurrir sobre papel absorbente. Servir calientes con acompañamiento de vegetales.

4 porciones

ingredientes

1 kg/2 lb de patas de pollo
1 ¹/₂ taza/180 g/6 oz de harina
1 cucharadita de sal y pimienta
2 huevos
¹/₃ taza/80 ml/3 fl oz de leche
¹/₂ taza/125 ml/4 fl oz de aceite de canola

patitas
crocantes

Preparación

1 Enjuagar las patas y secarlas. Frotarlas con el curry en pasta para que penetre en la piel.

2 Triturar las hojuelas de papa o de maíz y adherirlas a las patas. Poner una rejilla sobre una bandeja para horno y apoyar encima las patas. Cocinar en horno precalentado 35-40 minutos.

3 Servir calientes con arroz hervido y una porción de chutney al costado. También pueden servirse frías con ensalada.

Consejo: Se recomienda usar una bandeja poco profunda para que el rebozo de hojuelas resulte crocante.

4 porciones

ingredientes

**1 kg/2 lb de patas de pollo
2 cucharadas curry en pasta
2 tazas/60 g/2 oz de hojuelas de papa
o de maíz saborizadas con vinagre
arroz hervido o ensalada
chutney suave para servir**

Temperatura del horno 180°C/350°F/Gas 4

hígados
de pollo con arroz

Preparación

1 Lavar los hígados y quitar cualquier tendón que tuvieran. Cortarlos en trozos del tamaño de un bocado.

2 Calentar la mantequilla en una olla grande y sofreír los chalotes durante 5 minutos, hasta que estén tiernos. Agregar los hígados y cocinar pocos minutos, hasta que cambien de color.

3 Añadir el arroz y el caldo y llevar a hervor. Tapar y cocinar a fuego lento, revolviendo de vez en cuando, aproximadamente 30 minutos, hasta que el líquido se haya absorbido y el arroz esté cocido. Si fuera necesario, agregar un poco de agua y cocinar 5 minutos más.

4 Cuando el arroz esté a punto, incorporar el perejil picado, los piñones y las pasas; servir.

8 porciones

ingredientes

1 kg/2 lb de hígados de pollo
75 g/2 ¹/₂ oz de mantequilla
12 chalotes, picados
1 ¹/₂ taza/375 g/12 oz de arroz de grano corto
2 ¹/₂ tazas/600 ml/20 fl oz de caldo de pollo
1 manojo de perejil, picado
100 g/3 oz de piñones
100 g/3 oz de pasas de uva Corinto

pollo
con orégano y limón

Preparación

1 Sazonar el pollo con el orégano seco, la pimienta y la sal.
2 Calentar el aceite en una sartén grande. Agregar el pollo, las papas y las cebollas y dorar rápidamente 2-3 minutos.
3 Incorporar el caldo, tapar y cocinar a fuego lento 10-15 minutos o hasta que el pollo esté cocido.
4 Agregar el jugo de limón y el orégano fresco. Sazonar a gusto. Cocinar 3 minutos más. Servir de inmediato.

4 porciones

ingredientes

**4 pechugas de pollo
2 cucharaditas de orégano seco
pimienta recién molida y sal
2 cucharadas de aceite de oliva
600 g/20 oz de papas, en tajadas
de 5 mm/$^1/_4$ in
1 manojo de cebollas de rabo,
despuntadas y en mitades
125 ml/4 fl oz de caldo de pollo
75 ml/2 $^1/_2$ fl oz de jugo de limón
2 ramitas de orégano, picadas
sal y pimienta a gusto**

pollo
con requesón, rúcula y pimiento

Preparación

1 *Precalentar el horno. Combinar el requesón, la rúcula, los piñones, el pimiento, sal y pimienta en un tazón y revolver hasta integrar.*

2 *Poner 1-2 cucharadas de la mezcla de requesón bajo la piel de cada pechuga. Engrasar ligeramente un trasto para horno; acomodar en él las pechugas. Salpimentar, colocar una cucharadita de mantequilla sobre cada pechuga, verter caldo alrededor y hornear 20-25 minutos.*

3 *Servir el pollo con el jugo de cocción y ensalada de rúcula.*

4 porciones

ingredientes

200 g/7 oz de requesón fresco
1 manojo de rúcula, picada gruesa
¹/₄ taza/30 g/1 oz de piñones, tostados
¹/₂ pimiento rojo, asado y finamente picado
pimienta recién molida y sal
4 pechugas de pollo con piel de 200 g/ 7 oz cada una
1 cucharada de mantequilla
250 ml/8 fl oz de caldo de pollo

Temperatura del horno 200°C/400°F/Gas 6

pollo
con salsa cremosa de albahaca

Preparación

1 *En un bol mezclar la harina con pimienta y sal; empolvar el pollo en forma pareja y sacudir el exceso.*

2 *Calentar el aceite y la mantequilla en una olla, agregar el pollo y cocinar a fuego medio 5-6 minutos de cada lado. Retirar y mantener al calor.*

3 *Para hacer la salsa, limpiar la olla, calentar la mantequilla, incorporar el ajo y cocinar 2 minutos. Añadir el caldo, la crema y el jugo de limón, llevar a hervor y reducir un poco.*

4 *Justo antes de servir, agregar la albahaca y salpimentar. Servir el pollo con la salsa.*

4 porciones

ingredientes

**3 cucharadas de harina
pimienta recién molida y sal
4 pechugas de pollo de 200 g/
7 oz cada una
1 cucharada de aceite de oliva
1 cucharada de mantequilla**

Salsa cremosa de albahaca
**1 cucharada de mantequilla
2 dientes de ajo, machacados
$^1/_2$ taza/125 ml/4 fl oz de caldo de pollo
$^1/_2$ taza/125 ml/4 fl oz de crema
60 ml/2 fl oz de jugo de limón
2 cucharadas de albahaca, finamente
picada**

pollo
con cítricos y especias

Preparación

1 Lavar el pollo por dentro y por fuera y secar con papel absorbente. Con un cuchillo grande y afilado, cortar el pollo a través del hueso de la pechuga y abrirlo. Cortar a cada lado del espinazo y descartar, o guardar para hacer caldo.

2 Mezclar los ingredientes de la marinada. Poner las mitades de pollo en una fuente no metálica y bañar con la marinada. Tapar y refrigerar 12 horas o toda la noche, dando vuelta de vez en cuando.

3 Calentar a calor medio el grill del horno o un grill a gas. Poner las mitades de pollo en la bandeja del grill y cocinar 10 minutos de cada lado, pincelando a menudo con la marinada.

4 Levantar el pollo a la rejilla del grill y cocinar 5 minutos de cada lado. Subir la llama al máximo y cocinar unos 2 minutos más, para que resulte dorado y crocante. Pasar a una fuente caliente.

5 Desgrasar el jugo de la cocción y verterlo sobre el pollo. Servir caliente con acompañamiento de vegetales.

2-3 porciones

ingredientes

1 pollo de 1 kg/2 lb

Para la marinada
$^1/_2$ taza/125 ml/4 fl oz de vinagre de sidra
$^1/_2$ taza/125 ml/4 fl oz de jugo de naranja
$^1/_2$ taza/125 ml/4 fl oz de jugo de pomelo
1 cucharadita de canela
$^1/_2$ cucharadita de nuez moscada molida
1 cucharadita de azúcar
$^1/_2$ cucharadita de sal (opcional)

pollo
empanado al horno

Preparación

1 Poner cada pechuga de pollo deshuesada entre dos trozos de film y aplanar con un mazo o un rodillo. Colocarlas en una fuente. Mezclar la sal, la pimienta, el jugo de limón y la salsa de chile y verter sobre el pollo. Tapar y refrigerar 20 minutos.

2 Esparcir la harina y el pan molido sobre hojas de papel. Batir los huevos con 1 cucharada de agua en un plato playo. Cubrir ambas caras de las pechugas con harina, sacudir el exceso, sumergir en el huevo y presionar contra el pan molido para rebozar ambos lados.

3 Acomodar el pollo empanado, sin encimar, en una rejilla apoyada sobre un trasto para horno. Rociar ligeramente con aceite de canola en aerosol, dar vuelta y rociar del otro lado. Llevar al horno precalentado y cocinar 8 minutos; dar vuelta con una pinza y cocinar 8 minutos más.

4 Servir con guarnición de vegetales o con ensalada.

5-6 porciones

ingredientes

1 kg/2 lb de pechugas de pollo deshuesadas
sal, pimienta
jugo de 1 limón
2 cucharadas de salsa de chile dulce
³/₄ taza/90 g/3 oz de harina
1 ¹/₂ taza/180 g/6 oz de pan seco molido
2 huevos
aceite de canola en aerosol

Temperatura del horno 180°C/350°F/Gas 4

focaccia
con pollo y aguacate

Preparación

1 Para hacer la salsa, poner el aguacate, el cilantro, el jugo de lima o limón, la mayonesa y el chile en un bol y mezclar suavemente. Reservar.

2 Calentar el aceite en una sartén a fuego medio, agregar el pollo, la páprika y el comino y cocinar, revolviendo, 5 minutos o hasta que el pollo esté tierno.

3 Cubrir las bases de focaccia con la mezcla de pollo, el queso y el pepino. Poner encima cucharadas de salsa y cubrir con las mitades superiores de focaccia. Servir de inmediato.

Nota: Puede usarse una combinación de cebollín y menta en lugar del cilantro.

4 porciones

<blockquote type="ingredientes">
ingredientes

2 cucharadas de aceite
2 pechugas de pollo deshuesadas, rebanadas
1 cucharadita de páprika
1 cucharadita de comino molido
4 cuadrados de focaccia de 12 cm/5 in, partidos y tostados
4 tajadas de queso suizo
¹/₂ pepino, rebanado

Salsa de aguacate
1 aguacate, deshuesado, pelado y hecho puré
2 cucharadas de cilantro fresco picado
2 cucharadas de jugo de lima o limón
2 cucharadas de mayonesa
1 chile rojo fresco, picado
</blockquote>

muslos con salsa frutada de menta

verano al aire libre

Los gustos del verano son especiales...

una ligera y refrescante ensalada acompañada por el fragante aroma del pollo perfectamente cocido a la barbacoa. Nada nos inspira más que la perspectiva de cocinar al aire libre en compañía de amigos.

muslos
con salsa frutada de menta

Foto en página 55

Preparación

1 Con un mazo golpear los muslos de ambos lados para aplanarlos. Esparcir sobre ellos sal (si se usa), pimienta y el orégano.

2 Calentar una sartén antiadherente y rociarla ligeramente con aceite; incorporar los muslos y cocinar 3 minutos de cada lado. Pasar a una fuente precalentada y mantener al calor.

3 Agregar a la sartén la pera, el plátano, el jugo de limón, la menta y la salsa de chile. Raspar los jugos del fondo y revolver para calentar la fruta.

4 Verter la salsa de frutas sobre el pollo. Servir de inmediato con puré de papas o arroz.

3-4 porciones

ingredientes

500 g/I lb de muslos de pollo deshuesados
aceite de canola en aerosol
sal (opcional) y pimienta a gusto
1/2 cucharadita de orégano seco
I pera, pelada y cortada en cubos
I plátano, en cubos
2 cucharadas de jugo de limón
3 cucharadas de menta finamente picada
2 cucharaditas de salsa de chile dulce

patitas
con miel balsámica

Preparación

1 Enjuagar las patas y secarlas con papel absorbente. Ubicarlas, sin encimar, en una fuente no metálica. Mezclar la miel, el vinagre, el jengibre, sal y pimienta y verter sobre las patas. Refrigerar 1 hora o más.

2 Calentar la barbacoa o el grill a temperatura alta. Disponer las patas en la parrilla ligeramente aceitada, o en la bandeja del grill, y cocinar 20-25 minutos, dando vuelta a menudo y pincelando con la mezcla de miel.

3 Acercar al fuego la parrilla de la barbacoa, o pasar las patas a la rejilla del grill, y cocinar 5-10 minutos más, hasta que estén doradas y crocantes, dándolas vueltas de vez en cuando. Servir calientes con ensaladas.

Consejo: Si se dispone de un asador vertical para cocinar las patitas, graduarlo a calor moderado los primeros 20 minutos y luego al máximo. En este caso no será necesario dar vuelta las patas, pero sí pincelar con la mezcla como se indicó.

4-5 porciones

ingredientes

I kg/2 lb de patas de pollo
1/2 taza/120 g/4 oz de miel
3 cucharadas de vinagre balsámico
2 cucharaditas de jugo de jengibre fresco o 1/2 cucharadita de jengibre molido
sal, pimienta a gusto

pollo
al estilo sureño

Preparación

1 Preparar la salsa de antemano. Poner todos los ingredientes en una olla de acero inoxidable, llevar a hervor suave y cocinar despacio 15-20 minutos, revolviendo sin cesar. Luego cocinar 1 hora más, a fuego mínimo, para que los sabores se concentren. Envasar en frascos o botellas y guardar en el refrigerador.

2 Calentar la barbacoa a fuego moderado y aceitar la plancha. Sellar las presas de pollo alrededor de 4 minutos por lado. Pasar a un plato.

3 Poner 1 ½ taza de salsa en un bol y ubicar junto a la barbacoa. Colocar papel para hornear sobre la parrilla y perforarlo a intervalos entre las barras para permitir la ventilación. Apoyar el pollo sobre el papel y pincelar generosamente con la salsa.

4 Cerrar la tapa de la barbacoa y cocinar 10 minutos. Dar vuelta el pollo, pincelar con la salsa, cerrar de nuevo la tapa y cocinar 10 minutos. Repetir la operación cada 10 minutos 4-5 veces, hasta que el pollo tome color tostado oscuro y esté bien cocido. Si se cocina demasiado rápido, bajar el fuego del gas o correr las brasas hacia un costado de la barbacoa.

5 Calentar la salsa sobrante en una pequeña olla sobre la parrilla. Servir el pollo con la salsa caliente y papas en camisa, asadas en la barbacoa junto con el pollo. Acompañar con ensalada.

Nota: Si no dispone de una barbacoa con tapa, improvise una campana.

6-8 porciones

ingredientes

1 pollo de 2 kg/4 lb, cortado en presas chicas

Salsa barbacoa sureña
350 ml/11 oz de puré de tomate
1 taza/250 ml/8 fl oz de vinagre de sidra
½ taza/125 ml/4 fl oz de aceite de canola
⅓ taza/80 ml/2 ½ fl oz de salsa Worcestershire
½ taza/75 g/2 ½ oz de azúcar morena
¼ taza/60 g/2 oz jarabe de maíz o melaza
2 cucharadas de mostaza francesa
2-3 dientes de ajo, machacados
¼ taza/60 ml/2 fl oz de jugo de limón

pollo asado
al estragón

Preparación

I *Poner las pechugas, sin encimarlas, en una fuente poco profunda de vidrio o cerámica. Mezclar el estragón, el vino, la cáscara de limón y la pimienta verde; verter sobre las pechugas, dar vuelta y marinar a temperatura ambiente 20 minutos, dando vuelta una vez.*

2 *Retirar el pollo de la marinada y cocinarlo en una parrilla al carbón o en el grill precalentado 5 minutos o hasta que esté tierno.*

Nota: *No marine el pollo más de 20 minutos, pues se ablandaría en exceso.*

6 porciones

ingredientes

6 pechugas de pollo deshuesadas, sin piel
3 cucharadas de estragón fresco picado, o 2 cucharaditas de estragón seco
I taza/250 ml/8 fl oz de vino blanco seco
2 cucharadas de hebras de cáscara de limón
I cucharada de granos de pimienta verde en salmuera, escurridos y machacados

pollo
especiado con mango

Preparación

1 Precalentar la barbacoa a fuego máximo. Poner el pollo entre hojas de papel encerado y golpearlo ligeramente con un mazo para reducir el espesor a 1 cm/¹/₂ in.

2 Mezclar la pimienta, el comino y la páprika y esparcir sobre el pollo. Cubrir con lonjas de jamón y tajadas de mango, enrollar y asegurar con palillos. Colocar sobre la parrilla ligeramente aceitada y cocinar 3-5 minutos de cada lado o hasta que el pollo esté tierno y cocido.

3 Para hacer la salsa, poner en una cacerolita el mango, el ajo, el jarabe de maíz y la salsa de chile y cocinar a fuego lento, revolviendo, 4-5 minutos o hasta que espese ligeramente. Servir con el pollo.

Nota: Se pueden usar mangos en lata, escurridos, en lugar de mangos frescos. Se necesitarán 2 latas de 440 g/14 oz. Emplear ³/₄ de una lata para la salsa y el resto para el relleno del pollo.

4 porciones

ingredientes

4 pechugas de pollo deshuesadas
1 cucharadita de pimienta negra recién molida
1 cucharadita de comino molido
1 cucharadita de páprika
4 lonjas de jamón crudo o cocido, cortadas por la mitad
2 mangos, pelados y cortados en tajadas de 2 cm/³/₄ in

Salsa de mango
1 mango, pelado y picado
1 diente de ajo, machacado
2 cucharadas de jarabe de maíz
1 cucharada de salsa de chile dulce

pollitos
thai a la lima

Preparación

1 Abrir los pollitos en dos por la parte trasera y aplanar. Pasar un pincho a través de las alas y otro a través de las patas.

2 Para hacer la marinada, poner todos los ingredientes en un trasto para horno grande y mezclar bien. Colocar los pollitos con la parte de la carne hacia abajo. Tapar y refrigerar 4 horas o toda la noche.

3 Cocinar en la barbacoa o en el grill calientes, rociando frecuentemente con la marinada. Asar 15 minutos de cada lado o hasta que estén tiernos y totalmente cocidos.

4 porciones

ingredientes

4 pollitos

Marinada
3 cucharadas de jugo de lima
2 cucharadas de cilantro fresco picado
1 taza/250 ml/8 fl oz de leche de coco
1 chile rojo, picado
2 cucharadas de miel
pimienta negra recién molida

pinchos
de hígados con coriandro

Preparación

1 *Combinar en un bol el pesto de coriandro, el ajo, el jengibre, el aceite y el jugo de limón. Cortar los hígados en dos, incorporarlos a la mezcla y revolver cuidadosamente. Tapar y refrigerar 1 hora o más.*

2 *Cortar cada lonja de tocino en 3 tiras de aproximadamente 10 cm/4 in. Envolver una mitad de hígado con cada tira y asegurar con palillos.*

3 *Calentar la barbacoa o el grill a temperatura alta. Disponer los pinchos de hígado en la parrilla. Cocinar 8-10 minutos, dando vuelta a menudo y pincelando con la mezcla de pesto. Servir para comer con la mano.*

22 unidades, aproximadamente

2 cucharadas de pesto de coriandro con queso feta
1 cucharadita de ajo machacado
1 cucharadita de jengibre picado
2 cucharaditas de aceite
1 cucharada de jugo de limón
250 g/80 oz de hígados de pollo
6 lonjas de tocino

kebabs
de pollo y champiñones

ingredientes

Preparación

1 *En un bol mezclar el jugo de lima o limón, el aceite y el chile. Agregar el pollo y los champiñones y remover. Dejar marinar 30 minutos.*

2 *Precalentar la barbacoa a fuego fuerte. Escurrir el pollo y los champiñones, reservando la marinada, y ensartarlos en pinchos. Pincelar con la marinada y cocinar en la parrilla ligeramente aceitada, dando vueltas varias veces, 4-5 minutos o hasta que el pollo esté cocido.*

4 porciones

1 cucharada de jugo de lima o limón
1 cucharada de aceite
1 pizca de chile en polvo
1 pechuga de pollo deshuesada, cortada en 10 cubos
5 champiñones, en mitades

ensalada
césar de pollo

Foto en página 63

Preparación

1 Mezclar el ajo, sal, pimienta, el aceite y el jugo de limón. Incorporar las pechugas. Tapar y marinar 30 minutos en el refrigerador.

2 Calentar el grill o la parrilla al carbón a temperatura alta. Sellar las pechugas 1 minuto de cada lado, luego cocinar 3 minutos de cada lado. Retirar y dejar reposar 5 minutos antes de cortar al sesgo en tajadas de $1/2$ cm/$1/4$ in.

3 Descartar las hojas externas de la lechuga y lavar las restantes. Escurrir, envolver en un repasador limpio y sacudir hasta secar. Cortar las hojas grandes en trozos del tamaño de un bocado y dejar enteras las pequeñas. Tapar y reservar en el refrigerador.

4 Para hacer el aliño, en una ensaladera pisar las anchoas con un tenedor mientras se agrega el aceite. Incorporar gradualmente el jugo de limón, mientras se bate, y salpimentar. Cascar el huevo pasado por agua dentro de la ensaladera y revolver ligeramente. Agregar la mostaza y la salsa Worcestershire.

5 Añadir la lechuga cortada y remover mientras se esparce el parmesano rallado. Incorporar el pollo y los croûtons. Disponer las hojas enteras en posición vertical y adornar con las láminas de parmesano. Servir de inmediato.

Consejos: *Para hacer los croûtons, usar pan blanco del día anterior; cortar rebanadas de $1 1/2$ cm/$1/2$ in, descortezar y dividir en cubos de $1 1/2$ cm/$1/2$ in. Verter $1/2$ cm/ $1/4$ in de aceite en una sartén, incorporar 2 dientes de ajo partidos y calentar. Retirar el ajo cuando esté dorado; añadir los cubos de pan y revolver hasta dorar. Retirar y escurrir sobre papel absorbente.*

Para hacer el huevo pasado por agua, hervir agua en una cacerolita, apagar el fuego y de inmediato introducir el huevo. Mantenerlo en el agua 1 minuto si estaba a temperatura ambiente, o $1 1/2$ minuto si se hallaba en el refrigerador.

5 porciones

ingredientes

**1 diente de ajo, machacado
sal y pimienta
2 cucharaditas de aceite de oliva
1 cucharada de jugo de limón
2 pechugas de pollo deshuesadas,
desgrasadas
1 lechuga romana**

Aliño
**2 filetes de anchoa
4 cucharadas de aceite de oliva
2 $1/2$ cucharadas de jugo de limón
$1/2$ cucharadita de sal
$1/4$ cucharadita de pimienta
1 huevo pasado por agua
1 pizca de mostaza en polvo
1 cucharadita de salsa Worcestershire
1 taza/60 g/2 oz de croûtons con ajo
$1/4$ taza/30 g/1 oz de queso parmesano
rallado
láminas de parmesano para adornar**

pollo
teriyaki

ingredientes

4 pechugas de pollo deshuesadas
2 cucharadas de salsa de soja
I cucharada de aceite de ajonjolí
4 cucharadas de aceite de oliva
2 cucharadas de vino de arroz
I cucharada de azúcar
2 cucharadas de harina de arroz
250 g/8 oz de mazorcas de maíz baby
250 g/8 oz de judías verdes
$\frac{1}{2}$ chile, picado
I diente de ajo
sal y pimienta negra recién molida

Preparación

I *Ubicar el pollo en una fuente poco profunda. En un tazón combinar la salsa de soja, el aceite de ajonjolí, 2 cucharadas de aceite de oliva, el vino de arroz y el azúcar. Verter sobre el pollo y marinar 30 minutos.*

2 *Escurrir el pollo y guardar la marinada. Pasar el pollo por la harina de arroz y sacudirlo para eliminar el exceso.*

3 *Calentar I cucharada de aceite de oliva en un wok o sartén profunda. Dorar el pollo y verter la marinada. Cocinar 5 minutos o hasta que el pollo esté tierno y la salsa, untuosa.*

4 *En una sartén con el resto del aceite de oliva saltear las mazorcas de maíz baby y las judías blanqueadas, junto con el chile y el diente de ajo entero. Quitar el ajo y salpimentar.*

5 *Servir el pollo con las verduras en cuencos o platos hondos.*

4 porciones

pollo asado
al limón con vegetales

Preparación

1 Lavar el pollo por dentro y por fuera, escurrir y secar con papel absorbente.

2 Pelar los limones con un pelador de verduras, exprimirlos y cortar finamente la cáscara. Mezclar la mitad de la cáscara con el jugo, el ajo, sal, pimienta, el orégano y el aceite.

3 Poner el pollo en una fuente y verter la mitad de la mezcla de limón por encima y dentro de la cavidad. Colocar el resto de la cáscara en la cavidad.

4 Preparar el fuego de la barbacoa con tapa para calor indirecto según las instrucciones del fabricante, o precalentar la barbacoa a gas. Colocar el pollo en la parrilla aceitada sobre la llama directa y sellar de todos lados. Pasar a fuego indirecto y ubicar debajo un trasto para que caiga en él la grasa.

5 Colocar las papas y la calabaza en dos bandejas de papel metálico; rociar con el resto de la mezcla de limón y remover para cubrir todos los pedazos. Llevar las bandejas sobre fuego directo. Cubrir la barbacoa con la tapa y cocinar 1-1 $^{1}/_{2}$ hora, pincelando el pollo con la mezcla de limón cada 20 minutos y dando vuelta los vegetales.

6 Cuando los vegetales estén cocidos, retirarlos y mantenerlos calientes. Dejar descansar el pollo 5 minutos antes de trincharlo. Servir caliente con los vegetales asados y una ensalada.

Consejo: *Para trinchar el pollo, separar las patas, los muslos y las alas cortando las articulaciones. Cortar la pechuga desde el espinazo a lo largo de las costillas de cada lado, dividir por el medio del hueso de la pechuga y cortar cada pechuga en dos pedazos.*

4 porciones

ingredientes

1 pollo de 1,8 kg/4 lb
2 limones
2 dientes de ajo, machacados
sal, pimienta
2 cucharaditas de orégano fresco picado
2 cucharadas de aceite de oliva

Vegetales
4 papas, en cuartos
500 g/1 lb de calabaza cortada en porciones, con cáscara

terrina
de pollo con hierbas

Foto en página 67

ingredientes

1 atado/500 g/1 lb de espinaca,
sin tallos y blanqueada
250 g/8 oz de hígados de pollo, limpios
1 cucharada de harina sazonada
15 g/$^1/_2$ oz de mantequilla
1 cucharadita de aceite de oliva
375 g/12 oz de pollo molido
375 g/12 oz de cerdo magro, molido
2 cucharaditas de tomillo fresco
finamente picado, o 1 cucharadita
de tomillo seco
3 dientes de ajo, machacados
2 cebollas, en cubos
1 cucharada de granos de pimienta
verde en salmuera, escurridos
3 huevos
$^1/_2$ taza/125 ml/4 fl oz de vino blanco
seco
2 cucharadas de oporto o jerez
3 cucharadas de perejil fresco picado
pimienta negra recién molida

Preparación

1 Precalentar el horno. Engrasar ligeramente una terrina o un molde para pan de 11 x 21 cm/ 4 $^1/_2$ x 8 $^1/_2$ in; forrar con hojas de espinaca, encimándolas parcialmente y dejando que sobresalgan a los costados.

2 Empolvar los hígados de pollo con la harina sazonada. Calentar la mantequilla y el aceite en una sartén a fuego medio hasta que hagan espuma. Agregar los hígados y cocinar, revolviendo, 3-5 minutos o hasta que cambien de color. Retirar, dejar enfriar y picar.

3 En un bol unir los hígados, el pollo, el cerdo, el tomillo, el ajo, las cebollas, la pimienta verde, los huevos, el vino blanco, el oporto o jerez, el perejil y pimienta negra a gusto.

4 Disponer la mezcla en la terrina o molde preparado, doblar hacia adentro las puntas de las hojas de espinaca y tapar con papel de aluminio. Ubicar la terrina o el molde en un trasto para horno con agua hirviente que llegue a la mitad de su altura y hornear 2 horas.

5 Retirar, escurrir los jugos, tapar de nuevo con papel de aluminio y colocar encima un peso. Dejar enfriar y luego refrigerar hasta el día siguiente. Para servir, desmoldar y cortar en rebanadas.

Nota: Esta terrina resulta más sabrosa si se guarda 2 días antes de servir. Acompañada con ensalada de berro y rúcula, pepinillos y pan francés resulta deliciosa como entrada o platillo ligero.

10 porciones

Temperatura del horno 180°C/350°F/Gas 4

ensalada
marinada de pollo y pera

Preparación

1 *Trinchar y deshuesar el pollo. Ponerlo en una fuente playa no metálica y colocar encima las peras desecadas.*

2 *Mezclar los ingredientes de la marinada, verter sobre el pollo y las peras y refrigerar 2 horas.*

3 *En una fuente para servir, disponer las hojas verdes, el pollo y las peras. Mezclar el resto de la marinada con un poco más de aceite y verter sobre la ensalada.*

6-8 porciones

ingredientes

**1 pollo de 1,5 kg/3 lb, asado
200 g/7 oz de peras desecadas**

Marinada
**¹/₂ taza/125 ml/4 fl oz de aceite de oliva
¹/₂ taza/125 ml/4 fl oz de jugo
de naranja
2 cucharadas de vinagre de vino tinto
3 clavos de olor
3 hojas de laurel pequeñas
2 cucharadas de piñones
¹/₄ taza/45 g/1 ¹/₂ oz de pasas de uva
1 cucharadita de salsa de chile dulce**

Ensalada
**500 g/1 lb de hojas verdes surtidas,
cortadas
2 pepinos, finamente rebanados
1 cebolla española pequeña**

kebabs
de pollo con salsa de yogur

Preparación

1 En un bol combinar el yogur, el ajo, la páprika, el comino, el jugo de limón, el perejil, el orégano y pimienta a gusto.

2 Ensartar el pollo en palillos de bambú previamente hidratados y pincelar con la mitad de la mezcla. Dejar marinar en el refrigerador 2-3 horas.

3 Aceitar y calentar la plancha de la barbacoa. Cocinar las kebabs 4-5 minutos de cada lado. Servir con el resto de la marinada como salsa.

4 porciones

ingredientes

300 g/10 oz de yogur natural

2 dientes de ajo, machacados

1 ¹/₂ cucharadita de páprika

1 ¹/₂ cucharadita de semillas de comino

60 ml/2 fl oz de jugo de limón

2 cucharadas de perejil picado

2 cucharaditas de orégano picado

pimienta recién molida

6 muslos de pollo deshuesados, en cubos

ensalada
de pollo asado

Preparación

1 Unir en un bol el cilantro, el chile, la salsa de soja y el jugo de lima. Agregar el pollo, remover y marinar a temperatura ambiente 30 minutos.

2 Precalentar la barbacoa a fuego medio. Disponer en una fuente para servir la rúcula o el berro, los tomates, el queso feta y las aceitunas, de modo decorativo. Reservar.

3 Para hacer el aliño, colocar el aceite, el jugo de lima y pimienta a gusto en un frasco con tapa a rosca, cerrar y sacudir para emulsionar. Reservar.

4 Escurrir el pollo, ponerlo en la parrilla de la barbacoa ligeramente aceitada y cocinar 4-5 minutos de cada lado o hasta que esté a punto. Cortar en tajadas, disponer sobre la ensalada, rociar con el aliño y servir.

Nota: Si desea marinar el pollo por más tiempo, es aconsejable ponerlo en el refrigerador. Cuando reciba invitados, prepare esta receta hasta el final del paso 3 con varias horas de antelación, tape todos los recipientes y guarde en el refrigerador hasta último momento.

4 porciones

ingredientes

2 cucharadas de cilantro fresco picado
1 chile rojo fresco, picado
2 cucharadas de salsa de soja
2 cucharadas de jugo de lima
4 pechugas de pollo deshuesadas
1 manojo de rúcula o berro
250 g/8 oz de tomates cherry, en mitades
155 g/5 oz de queso feta, desmenuzado
90 g/3 oz de aceitunas marinadas

Aliño de lima
2 cucharadas de aceite de oliva
2 cucharadas de jugo de lima
pimienta negra recién molida

burgers
de pollo al pesto

Preparación

1. Precalentar la barbacoa a fuego medio. Para hacer los burgers, poner en un procesador o licuadora la albahaca, los piñones, el parmesano, el ajo y el aceite y procesar hasta homogeneizar. Pasar a un bol, agregar el pollo, el pan molido, el pimiento, la cebolla, la clara y pimienta a gusto y unir bien.
2. Formar 4 burgers con la mezcla de pollo. Cocinarlos en la plancha ligeramente aceitada 3 minutos de cada lado o hasta que estén cocidos.
3. Poner en la mitad inferior de cada bollo la rúcula o el berro, luego el burger, el tomate y cubrir con la mitad superior del bollo. Servir de inmediato.

Nota: Los pimientos son fáciles de asar. Sacar las semillas, cortar en cuartos y apoyar con el lado de la piel hacia abajo en la barbacoa caliente. Cocinar hasta que la piel se chamusque y se ampolle. Colocar en una bolsa de plástico o de papel y dejar enfriar lo suficiente como para manipularlo. Quitar la piel y usar como se desee.

4 porciones

ingredientes

4 bollos, cortados y tostados
125 g/4 oz de rúcula o berro
1 tomate, rebanado

Burgers de pollo al pesto
¹/₂ manojo de albahaca fresca
2 cucharadas de piñones
1 cucharada de queso parmesano rallado
1 diente de ajo, machacado
2 cucharadas de aceite de oliva
500 g/1 lb de pollo molido
1 taza/60 g/2 oz de pan seco molido
1 pimiento rojo, asado y cortado en cubos
1 cebolla, rebanada
1 clara
pimienta negra recién molida

verano al
aire libre

pollitos
a la barbacoa

Preparación

1 Precalentar la barbacoa a fuego medio. Cocinar los pollitos sobre la parrilla aceitada 6-7 minutos de cada lado o hasta que estén tiernos y bien cocidos.

2 Para hacer el aderezo, combinar en un tazón las aceitunas, el perejil, las anchoas, el ajo, el vinagre, el aceite y pimienta a gusto. Verter sobre los pollitos y servir de inmediato.

6 porciones

ingredientes

**6 pollitos, cortados por la mitad
y sin el espinazo**

<u>Aderezo de aceitunas verdes</u>
75 g/2 ¹/₂ oz de aceitunas verdes, deshuesadas y finamente picadas
4 cucharadas de perejil fresco picado
2 filetes de anchoa, picados
1 diente de ajo, machacado
¹/₄ taza/60 ml/2 fl oz de vinagre de vino tinto
2 cucharadas de aceite de oliva
pimienta negra recién molida

burgers
de pollo especiados

Preparación

1 Precalentar la barbacoa a fuego medio. Para hacer la marinada, combinar en una fuente playa el yogur, el cilantro, el curry, el chutney y el jugo de limón. Agregar las pechugas, dar vuelta y marinar 20 minutos.

2 Para hacer el raita, partir el pepino por el medio a lo largo, sacar las semillas, rebanar finamente y poner en un bol. Incorporar el yogur, el ajo y el jugo de limón y mezclar bien. Tapar y refrigerar hasta el momento de servir.

3 Escurrir el pollo y cocinarlo en la barbacoa aceitada 4 minutos de cada lado o hasta que esté tierno y bien cocido. Para servir, distribuir en los panes el pollo, los tomates y el raita.

Nota: El pan turco (pide) es un pan blanco chato con levadura. Por lo general se presenta en óvalos que miden 30-40 cm/12-16 in. Si no lo consigue, el pan italiano de campo, el pan de centeno, la ciabatta o la focaccia son buenas alternativas para esta receta.

4 unidades

ingredientes

4 pechugas de pollo deshuesadas
4 panes turcos (pide), abiertos
4 tomates, rebanados

Marinada de yogur especiada
¹/₂ taza/100 g/3 ¹/₂ oz de yogur natural
4 cucharadas de cilantro fresco picado
2 cucharadas de curry rojo en pasta
2 cucharadas de chutney de mango
2 cucharadas de jugo de limón

Raita de pepino
1 pepino
1 taza/200 g/6 ¹/₂ oz de yogur natural espeso
1 diente de ajo, machacado
1 cucharada de jugo de limón

kebabs
de pollo y piña

Foto en página 75

ingredientes

**4 pechugas de pollo deshuesadas,
en cubos de 2 cm/³/₄ in
200 g/7 oz de piña,
en cubos de 2 cm/³/₄ in
200 g/7 oz de calabaza,
en cubos de 2 cm/³/₄ in
2 dientes de ajo, machacados
2 cucharadas de salsa de soja
4 cucharadas de jugo de limón
recién exprimido
1 cucharada de miel**

Preparación

1 Hervir agua en una olla. Agregar la calabaza, cocinar 3 minutos y escurrir.
2 Ensartar en pinchos el pollo, la piña y la calabaza. Pincelar con la mezcla de ajo, salsa de soja, jugo de limón y miel.
3 Asar a calor moderado en el grill o en la plancha de la barbacoa 3 minutos de cada lado o hasta que estén cocidos.

4 porciones

patitas
dulzonas con polenta

Foto en página 75

ingredientes

**8 patas de pollo
¹/₄ taza/60 g/2 oz de jalea de albaricoque
1 taza/120 g/4 oz de harina común
2 huevos, batidos
¹/₂ taza/60 g/2 oz de harina, extra
1 cucharada de sal
³/₄ taza/90 g/3 oz de polenta
aceite para freír**

Preparación

1 Pincelar las patas con la jalea y hacerlas rodar por la harina. Pasar por los huevos batidos y rebozar con la harina extra mezclada con la sal y la polenta.
2 Freír las patas en abundante aceite hasta que estén doradas y bien cocidas, alrededor de 20 minutos.

4 porciones

75

sopas
& caldos

El caldo de pollo es el sustancioso y sabroso líquido que se obtiene de hervir a fuego lento presas de pollo, huesos o un pollo entero en agua a la que suele agregarse apio, zanahoria y cebolla para darle más sabor. Se usa como base de sopas, salsas, guisos y cazuelas, se añade en pequeñas cantidades a platillos salteados y siempre resulta práctico tener una reserva en el frigorífico para las diversas necesidades culinarias.

Consejos útiles

- Se pueden comprar bolsas de huesos de pollo y carcasas por muy poco dinero. Enjuague bien y rompa las carcasas para aplanarlas. Una combinación de huesos con unas pocas presas de pollo, en especial alas y muslos, hacen un caldo más rico. Guarde los extremos de las alas, los menudos, los huesos y el cogote del pollo, póngalos en una bolsa plástica para frigorífico y congele. Cuando haya guardado lo suficiente, haga el caldo.

- Ponga los huesos, menudos o presas en una olla grande y agregue agua fría hasta sobrepasar el pollo unos 5 cm/2 in; si vierte demasiada agua, el caldo resultará débil o tendrá que gastar combustible para que se evapore el exceso. Lleve a hervor suave para permitir que se suelten los jugos. Cuando se forme espuma en la superficie, retírela con una espumadera.

- Agregue sal, zanahoria, apio y cebolla en trozos grandes, pues los pedazos pequeños enturbiarían el caldo. Evite los vegetales feculentos como papa, batata, guisantes y los de sabor fuerte como col y coliflor. Aromatice con laurel, tomillo y perejil o con una bolsita de bouquet garni y granos de pimienta. Cocine a fuego lento, sin tapar, 45 minutos para pequeñas cantidades o 1 $\frac{1}{2}$-2 horas para grandes volúmenes, o hasta que el caldo tenga rico sabor.

- Cuele y vierta el caldo en un recipiente limpio. Si lo va a usar de inmediato, ponga papel absorbente sobre la superficie para quitar la grasa; si no, refrigere 1 hora y luego retire la grasa solidificada de la superficie. Distribuya en recipientes con tapa y lleve al frigorífico; congele pequeñas cantidades para usar en salsas y salteados.

- El caldo recién hecho puede guardarse en el refrigerador 4 días y en el frigorífico 3-4 meses.

Sopas y salsas simples

Sopa liviana de fideos

Llevar a hervor suave 1 $\frac{1}{2}$ taza de caldo de pollo, quebrar una madeja de fideos al huevo e incorporarla; cocinar 10 minutos. Se puede añadir, si se desea, 1 cucharadita de extracto de tomate o tomate fresco picado.

Sopa liviana de verduras

Agregar a 1 $\frac{1}{2}$ taza de caldo de pollo 1 taza de verduras en cubos (por ejemplo, calabaza, batata, zanahoria, puerro, apio, en cualquier combinación) y 1 cucharada de avena o arroz. Incorporar $\frac{1}{2}$ taza de agua y cocinar a fuego lento 12-20 minutos.

Sopa crema de verduras

Mezclar partes iguales de caldo de pollo y puré de calabaza, zanahoria, batata, brócoli, espárragos o espinaca. Llevar a hervor, luego cocinar a fuego lento 2 minutos. Enriquecer con crema y sazonar a gusto.

Cree su propia salsa

Después de freír pollo, verter en la sartén $^1/_2$-$^3/_4$ taza de caldo de pollo, revolver sobre fuego lento y raspar los jugos de la cocción. Agregar vino o jugo de frutas, hierbas o especias y un toque de crema o un poco de harina para espesar, cocinar a fuego lento 1 minuto y luego verter sobre el pollo.

Consejos prácticos

No deje que el caldo hierva a borbotones porque se enturbiará. Es mejor que se cocine a fuego lento.

La pimienta blanca es más fuerte que la negra; si la usa, reduzca la cantidad a la mitad.

Las salsas pueden espesarse con 2 cucharaditas de almidón de maíz disuelto en agua o con galletas molidas, comunes o especiadas.

La cocina no es una ciencia exacta; para cocinar no se necesitan balanzas calibradas, pipetas graduadas ni equipamiento de laboratorio. Pero en algunos países, la conversión del sistema imperial al métrico o viceversa puede intimidar a muchos buenos cocineros.

En las recetas se indica el peso sólo de ingredientes tales como carnes, pescado, pollo y algunas verduras. Sin embargo, unos gramos (u onzas) en más o en menos no estropearán el éxito del plato.

Si bien estas recetas fueron probadas utilizando como estándares taza de 250 ml, cuchara de 20 ml y cucharita de 5 ml, también resultarán con tazas de 8 fl oz o de 300 ml. Se dio preferencia a las medidas indicadas según recipientes graduados en lugar de las expresadas en cucharadas, de modo que las proporciones sean siempre iguales. Cuando se indican medidas por cucharadas no se trata de ingredientes críticos, de manera que emplear cucharas algo más pequeñas no afectará el resultado de la receta. En el tamaño de la cucharita, al menos, todos coincidimos.

En cuanto a los panes, pasteles y tartas, lo único que podría causar problemas es el empleo de huevos, ya que las proporciones pueden variar. Si se trabaja con una taza de 250 ml o 300 ml, utilizar huevos grandes (60 g/2 oz); con la taza de 300 ml puede ser necesario agregar un poco más de líquido a la receta; con la taza de 8 fl oz, utilizar huevos medianos (50 g/1 $^3/_4$ oz). Se recomienda disponer de un juego de tazas y cucharas medidoras graduadas, en particular las tazas para medir los ingredientes secos. Recuerde rasar los ingredientes para asegurar la exactitud en la medida.

Medidas norteamericanas

Se supone que una pinta americana es igual a 16 fl oz; un cuarto, a 32 fl oz y un galón, a 128 fl oz. En el sistema imperial, la pinta es de 20 fl oz; el cuarto, de 40 fl oz y el galón, de 160 fl oz.

Medidas secas

Todas las medidas se consideran al ras. Cuando llene la taza o cuchara, rase el nivel con el filo de un cuchillo. La escala que se presenta a continuación es de "equivalentes para cocinar", no es la conversión exacta del sistema métrico al imperial. Para calcular las equivalencias exactas, use la proporción de 2,2046 lb = 1 kg o 1 lb = 0,45359 kg.

Métrico	Imperial	
g = gramos	oz = onzas	
kg = kilogramos	lb = libras	
15 g	$^1/_2$ oz	
20 g	$^2/_3$ oz	
30 g	1 oz	
60 g	2 oz	
90 g	3 oz	
125 g	4 oz	$^1/_4$ lb
155 g	5 oz	
185 g	6 oz	
220 g	7 oz	
250 g	8 oz	$^1/_2$ lb
280 g	9 oz	
315 g	10 oz	
345 g	11 oz	
375 g	12 oz	$^3/_4$ lb
410 g	13 oz	
440 g	14 oz	
470 g	15 oz	
1000 g - 1 kg	35,2 oz -2,2 lb	
1,5 kg	3,3 lb	

Temperatura del horno

Las temperaturas Celsius que damos no son exactas; están redondeadas y se incluyen sólo como guía. Siga la escala de temperaturas del fabricante de su horno, cotejando con el tipo de horno que se describe en la receta. Los hornos de gas calientan más en la parte superior; los hornos eléctricos, más en la parte inferior, y los hornos por convección suelen ser parejos. Incluimos la escala Regulo para cocinas de gas, que puede ser de utilidad. Para convertir grados Celsius a Fahrenheit, multiplique los °C por 9, divida por 5 y luego sume 32.

Temperaturas **del horno**

	°C	°F	Regulo
Muy bajo	120	250	1
Bajo	150	300	2
Moderadamente bajo	160	325	3
Moderado	180	350	4
Moderadamente alto	190-200	370-400	5-6
Caliente	210-220	410-440	6-7
Muy caliente	230	450	8
Máximo	250-290	475-500	9-10

Medidas **de moldes redondos**

Métrico	Imperial
15 cm	6 in
18 cm	7 in
20 cm	8 in
23 cm	9 in

Medidas **de moldes rectangulares**

Métrico	Imperial
23 x 12 cm	9 x 5 in
25 x 8 cm	10 x 3 in
28 x 18 cm	11 x 7 in

Medidas **de líquidos**

Métrico	Imperial	Taza y cuchara
ml	fl oz	
mililitros	onzas líquidas	
5 ml	1/6 fl oz	1 cucharadita
20 ml	2/3 fl oz	1 cucharada
30 ml	1 fl oz	1 cucharada más 2 cucharaditas
60 ml	2 fl oz	1/4 taza
85 ml	2 1/2 fl oz	1/3 taza
100 ml	3 fl oz	3/8 taza
125 ml	4 fl oz	1/2 taza
150 ml	5 fl oz	1/4 pinta
250 ml	8 fl oz	1 taza
300 ml	10 fl oz	1/2 pinta
360 ml	12 fl oz	1 1/2 taza
420 ml	14 fl oz	1 3/4 taza
500 ml	16 fl oz	2 tazas
600 ml	20 fl oz - 1 pinta	2 1/2 tazas
1 litro	35 fl oz - 1 3/4 pinta	4 tazas

Medidas **por tazas**

Una taza de los siguientes ingredientes equivale, en peso, a:

	Métrico	Imperial
Albaricoques secos, picados	190 g	6 oz
Almendras enteras	155 g	5 oz
Almendras fileteadas	90 g	3 oz
Almendras molidas	125 g	4 oz
Arroz cocido	155 g	5 oz
Arroz crudo	220 g	7 oz
Avena en hojuelas	90 g	3 oz
Azúcar	250 g	8 oz
Azúcar glass, tamizada	155 g	5 oz
Azúcar morena	155 g	5 oz
Cáscara de cítricos confitada	220 g	7 oz
Chocolate en trocitos	155 g	5 oz
Ciruelas secas, picadas	220 g	7 oz
Coco deshidratado	90 g	3 oz
Hojuelas de maíz	30 g	1 oz
Frutas desecadas (surtidas, pasas de uva)	185 g	6 oz
Frutas secas, picadas	125 g	4 oz
Germen de trigo	60 g	2 oz
Grosellas	155 g	5 oz
Harina	125 g	4 oz
Jengibre confitado	250 g	8 oz
Manzanas secas, picadas	125 g	4 oz
Materia grasa (mantequilla, margarina)	250 g	8 oz
Miel, melaza, jarabe de maíz	315 g	10 oz
Pan seco molido, compacto	125 g	4 oz
Pan seco molido, suelto	60 g	2 oz
Queso rallado	125 g	4 oz
Semillas de ajonjolí	125 g	4 oz

Longitud

A algunos les resulta difícil convertir longitud del sistema imperial al métrico o viceversa. En la escala siguiente, las medidas se redondearon para obtener números más fáciles de usar.

Para lograr la equivalencia exacta de pulgadas a centímetros, multiplique las pulgadas por 2,54, en virtud de lo cual 1 pulgada es igual a 25,4 milímetros y un milímetro equivale a 0,03937 pulgadas.

Métrico	Imperial
mm = milímetros	in = pulgadas
cm = centímetros	ft = pies
5 mm - 0,5 cm	1/4 in
10 mm - 1,0 cm	1/2 in
20 mm - 2,0 cm	3/4 in
2,5 cm	1 in
5 cm	2 in
8 cm	3 in
10 cm	4 in
12 cm	5 in
15 cm	6 in
18 cm	7 in
20 cm	8 in
23 cm	9 in
25 cm	10 in
28 cm	11 in
30 cm	1 ft, 12 in

índice